Træningstips 2:

Løbetræning

Af Peter Schmidt

Træningstips 2: Løbetræning

Copyright © 2018 Peter Schmidt
All rights reserved
Forlag: BoD – Books on Demand, København, Danmark
Tryk: BoD – Books on Demand, Norderstedt, Tyskland
Bogen er skrevet med Palatino Linotype
1. udgave, 1. version

ISBN: 9 78874 3002970

Træningstips

○ ◑ ● ◍ en bogserie om almen træning

Indledning

Lad det være sagt med det samme: Jeg er rundet af håndbolden… Jeg har været håndboldtræner i snart 30 år med enkelte pauser undervejs og jeg har i løbet af de sidste 10 år skrevet fem bøger om håndboldtræning, primært med fokus på træningsøvelser. I alt er det blevet til 2.513 øvelser fordelt på 2.068 sider… Bogprojektet startede tilbage i 2007 med en tanke om, en irritation over, at jeg ikke synes, at jeg på daværende tidspunkt kunne finde litteratur med praktiske øvelser til min håndboldtræning. Masser af teori, ja. Gode kurser fra håndboldforbundet, ja. Men ikke meget, jeg kunne relatere mig til hjemme i hallen, når teori skulle omsættes til praktik. En god ven og trænerkollega sagde til mig, at så måtte jeg jo selv skrive om det… Det gjorde jeg. Og resten er, som man siger, historie.

Nu skal dette ikke handle om mig som håndboldtræner eller være et reklameindspark for mine tidligere bøger. Nej, jeg nævner det kun fordi, at dette hæfte er født ud af de nævnte håndboldbøger. Bøgerne indeholder ret meget håndboldspecifik træning – i sagens natur – men også en del af mere generel karakter. Almen grundtræning er jo fælles for meget sport.

Derfor er dette hæfte et langt stykke hen ad vejen et ekstrakt af løbetræningsøvelser og –programmer, der har været medtaget i de fem håndboldtipsbøger. Jeg har medtaget dem, der er mest almene; nogen af dem nænsomt omskrevet. Men helt skjule at jeg har rod i håndboldverdenen, det kan jeg nok ikke. Det håber jeg, at du som læser kan abstrahere fra.

Øvelserne i dette hæfte er som sagt – forhåbentligt – af "tværsportslig" karakter til almen anvendelse til løbetræning indenfor flere sportsgrene, idrætsundervisning og lignende. For nemheds skyld er "de udøvende personer" dog omtalt som spillere. Uagtet at det lige så godt kunne være elever, atleter, kursister m.m. Og den, der leder aktiviteten, er omtalt som "træner", selvom det med rette kunne være instruktør, underviser, lærer m.m. Jeg undskylder på forhånd.

Hensigten har været, at indholdet skal fungere som inspirationskilde. Hæftet, ja hele serien "Træningstips", er tænkt som opslagsværk, hvor der kan findes en lang række forskellige øvelser, spil m.m. du kan anvende, som de er beskrevet, eller du kan lave dine egne modifikationer ud fra, så de passer bedre til din målgruppe eller det, du ønsker at få ud af træningen. Det er op til dig, som træner/instruktør/underviser, at foretage denne tilretning… jeg har bare forsøgt at give dig inspiration til at sætte dine egne tanker i gang. Der findes absolut ingen facitliste, intet "rigtigt" eller "forkert".

Antal gentagelser, repetitioner, tider m.m. under en given øvelse skal blot tages som vejledende. Det er i sidste ende dig – og kun dig – som træner eller instruktør, der bedst kan vurdere den målgruppe, du arbejder med. Ved en del af øvelserne har jeg slet ikke angivet tid, respektive repetitioner af samme grund. Vejledende oplysninger kan være irrelevante. Det giver for eksempel ikke mening at skrive, at en given strækning *skal* kunne løbes på 1 minut – punktum og udråbstegn – hvis der arbejdes med en gruppe, der helt tydeligt ikke kan. Der er forskel på veltrænede seniorer og børn.

Ved øvelser, hvor flere arbejder sammen, men ikke nødvendigvis løber samtidig (de skiftes), har jeg ikke altid skrevet, at man skal huske at bytte. Det ligger selvsagt implicit i øvelsens karakter, håber jeg.

Ligeledes kan det i mange øvelser, hvor to eller flere arbejder sammen, være en fordel at deres "løbeniveau" er nogenlunde ens; den ene må ikke kunne løbe meget længere, eller stærkere end den anden…

"Kært barn har mange navne" lyder en gammel talemåde. Sådan er det også med mange af de planer og øvelser, jeg har medtaget i denne bog. Som udgangspunkt har jeg valgt at medtage dem under det navn, jeg kender dem. Eller slet og ret givet dem et nummer, hvis det er mere hensigtsmæssigt. Jeg erkender min skyldighed og beder om tilgivelse på forhånd. Der kan derfor være stor sandsynlighed for, at du måske kender en eller flere øvelser under andre navne. Det er ikke nødvendigvis en faktuel fejl.

Jeg håber, at du kan finde noget brugbart i hæftet. Jeg har i al beskedenhed gjort mit bedste.

God fornøjelse!

Tjæreby, august 2018
Peter

Indhold

Anvendte signaturer

Kegle

Afstand mellem kegler

| xx meter |

Løb, start

Løb, slut

Løb

Uanset hvordan man vender og drejer det, så er løbetræning nok mest interessant for løbere. Og for alle andre et nødvendigt onde... Jeg ved godt, at det er en smule karikeret, men boldspillere til eksempel, de vil spille bold. De vil helst ikke løbe lange distancer rundt i terrænet eller spurttræne mellem to opstillede plastikkegler ... De vil spille bold! Og jeg gætter på, at det samme gør sig gældende for badmintonspillere, volleyballspillere, basketballspillere, fodboldspillere m.m.

Til gengæld kender jeg rigtig mange løbere, for hvem det at løbe er en livsstil, en passion. Og der er da også rigtig mange, rigtig gode grunde til at løbe.

For at vende tilbage til de der boldspillere for en kort bemærkning, så er løbetræning et vigtigt element i opbygning og vedligehold af grund-kondition. Derfor må de løbe.

Generelt kan man sige om løbetræning, at det bare på en eller anden måde giver en god fornemmelse i kroppen. Det er en effektiv kreds-løbstræning, der styrker hjertet, sænker blodtrykket og mindsker risi-koen for blodpropper og hjerteproblemer (sænker blandt andet kole-steroltallet). Det styrker som sagt den almene grundkondition. Man for-brænder kalorier, når man løber og kan bruge det til at regulere vægten. Man styrker sin krop, bruger så at sige sin egen krop som "vægttræ-ning" (man flytter sin egen vægt, når man løber (såkaldt vægtbærende træning), hvilket styrker knogler og muskelmasse. Og meget mere.
Og det gode er ... at alle – uanset alder, niveau, teknik - kan løbetræne!

Uanset om du er motionist eller eliteløber.

Opvarmning

Opvarmning før løbetræning

Opvarmningsprogram før primært udendørs løbetræning (distance- og intervalløb).

Egentlig kan man argumentere for, at det ikke er strengt nødvendigt at varme op før distanceløb, da man i de fleste tilfælde blot kan løbe de første kilometer i et lidt roligere tempo indtil "man kommer i gang".

Ved intervalløb kan man på samme måde også løbe en kortere "op-varmningsdistance" i stedet for at varme "rigtigt" op.

Så man kan påstå, at egentlig opvarmning er overflødig. Ja. Men hvis man foretrækker det, så er dette program et glimrende all-round program til enhver aktivitet… også løb.

Hver øvelse udføres cirka 30 sekunder.

Det er ikke nødvendigt at tage alle øvelserne; man kan nøjes med at udvælge dem, man finder mest relevant i den givne sammenhæng.

Forløb:

-   Almindeligt småløb på stedet
-   Høje knæløft på stedet
-   Sideløb (3 skridt til siden og tilbage igen)
-   Vinkelsving med ekstratræk
-   Almindelig jogging på stedet
-   Kropsvridninger med ekstratræk
-   Fjederhop
-   Armstrækninger

- Skøjteløb
- Gadedrengeløb på stedet (arme til vandret)
- Forsidekipninger
- Hasestrækninger
- Hop med knæoptræk til bryst
- Benkast frem under kroppen
- Rygstrækninger
- Fejesving
- Sprællemandshop (klap over hovedet for hvert andet hop)
- Bredstående lysketræk (bækkenet presses nedad)
- Bredstående lysketræk (højre albue til venstre knæ og om-
  vendt)
- Stående kropsbøjninger
- Udstrækning af lårenes inderside
- Udstrækning af lægmuskler
- Udstrækning af lårenes forside
- Let løb på stedet

Øvelser

6-dages løb

Organisering:
Spillerne er sammen i par. Med 4 kegler markeres en kvadratisk bane på cirka 20 x 20 meter. Banen kan selvfølgelig gøres større eller mindre alt afhængig af niveau.

Forløb:
Præcis som i cykelsportens 6-dages løb gælder det om at vinde omgange. Når den ene på holdet er i udbrud, jogger den anden bare med feltet rundt. Når der skal skiftes, trækker den, der skal skiftes med, lidt ud i banen og løber meget langsomt, indtil den spiller, der er i udbrud, når op til hende, hvorefter de skifter ved at klaske hinanden i hånden. Den nye spiller i udbrud spurter af sted, mens den, der lige har løbet, adstadigt jogger fremad og venter på at blive opslugt af feltet.

Øvelsen gennemføres på tid – eksempelvis 5, 10 eller 15 minutter.

Holdet med flest erobrede omgange vinder "løbet".

Variation:
Øvelsen kan ligeledes gennemføres med en form for depeche, der gives videre – så forsvinder al tvivl om, hvorvidt der ikke snydes med skiftet.

8 minutters intervalløb

Organisering:
Spillerne er sammen i hold à 4 spillere. Der skal markeres en strækning på cirka 20 meter – eventuelt med to kegler. Afstanden kan selvfølgelig gøres større eller mindre alt afhængig af niveau.

Forløb:
Holdet skal løbe i 8 minutter. Hvem der løber, hvor længe der løbes og hvem der pauser, bestemmes suverænt af holdet. Der skal blot hele tiden være 3 aktive løbere, der løber samtidig. De løbende spillere skal løbe frem og tilbage. Hver gang holdet ikke er 3 løbere i aktivitet ad gangen, lægges der 1 minut til deres totale løbetid.

15

Organisering:
Spillerne skal arbejde sammen i par.

Hvert par skal bruge to kegler, der stilles op med cirka 20 meter imellem. Spillerne på hvert hold starter ved siden af hinanden ved kegle 1.

Forløb:

Runde 1:
Spiller 1 i hvert par løber
-   Fra kegle 1 til kegle 2
-   Fra kegle 2 til kegle 1
-   Fra kegle 1 til kegle 2

når alle pars spiller 1 står på kegle 2, fløjter træneren og *spiller 2* i hvert par løber
-   Fra kegle 1 til kegle 2
-   Fra kegle 2 til kegle 1
-   Fra kegle 1 til kegle 2

Runde 2:
Når alle pars spiller 2 står på kegle 2 – ved siden af spiller 1 – fløjter træneren og *spiller 1* i hvert par løber

- Fra kegle 2 til kegle 1
- Fra kegle 1 til kegle 2
- Fra kegle 2 til kegle 1

når alle pars spiller 1 står på kegle 1, fløjter træneren og *spiller 2* i hvert par løber
- Fra kegle 2 til kegle 1
- Fra kegle 1 til kegle 2
- Fra kegle 2 til kegle 1

Runde 3:
Når alle pars spiller 2 står på kegle 1 – ved siden af spiller 1 – fløjter træneren og *spiller 1* i hvert par løber
- Fra kegle 1 til kegle 2
- Fra kegle 2 til kegle 1
- Fra kegle 1 til kegle 2

når alle pars spiller 1 står på kegle 1, fløjter træneren og *spiller 2* i hvert par løber
- Fra kegle 1 til kegle 2
- Fra kegle 2 til kegle 1
- Fra kegle 1 til kegle 2

Runde 4:
Når alle pars spiller 2 står på kegle 2 – ved siden af spiller 1 – fløjter træneren og *spiller 1* i hvert par løber
- Fra kegle 2 til kegle 1
- Fra kegle 1 til kegle 2
- Fra kegle 2 til kegle 1

når alle pars spiller 1 står på kegle 1, fløjter træneren og *spiller 2* i hvert par løber
- Fra kegle 2 til kegle 1
- Fra kegle 1 til kegle 2

- Fra kegle 2 til kegle 1

Runde 5:
Når alle pars spiller 2 står på kegle 1 – ved siden af spiller 1 – fløjter træneren og *spiller 1* i hvert par løber
- Fra kegle 1 til kegle 2
- Fra kegle 2 til kegle 1
- Fra kegle 1 til kegle 2

når alle pars spiller 1 står på kegle 1, fløjter træneren og *spiller 2* i hvert par løber
- Fra kegle 1 til kegle 2
- Fra kegle 2 til kegle 1
- Fra kegle 1 til kegle 2

Og slut!

Alle spillere har løbet 5 x 3 gange = 15.

180 + 90 meters intervalløb

Organisering:
Der skal bruges 6 kegler. Der opstilles to keglebaner. Det er lettest at bruge en standard fodboldbane, da målene på denne er 45 x 90 meter, hvorfor det bør passe med bredden.

Første keglebane (bane 1) opmærkes med 4 kegler. Kegle 1 ved start, kegle 4 ved slut og jævnt fordelt imellem dem kegle 2 og kegle 4.

Anden keglebane (bane 2) opmærkes med 2 kegler, opstillet med 45 meters mellemrum (kegle 1 og kegle 2)

Forløb:
På første keglebane (med 4 kegler) løbes 180 meter således:
Distancen gennemløbes så hurtigt som muligt – spillerne starter ved kegle 1, løber op og runder kegle 2 og retur, løber op og runder kegle 3 og retur og sluttelig op at runde kegle 4 og retur.

På anden keglebane (med 2 kegler) løbes 90 meter således:
Distancen mellem de 2 kegler - kegle 1 og kegle 2 - og retur gennemløbes hurtigst muligt.

Spillerne gennemfører således:
Første bane gennemløbes 2 gange med minimum 1 minuts pause imellem hver omgang – der holdes 2 minutters pause.
Anden bane gennemløbes 4 gange med minimum 30 sekunders pause imellem hver omgang. Herefter holdes 2 minutters pause og øvelsen gentages – i alt 4 gange.

"Den russiske kilometer"

"Den russiske kilometer" er en enkel, men meget hård form for løbetræning.

Organisering:
Der skal varmes godt op før øvelsen gennemføres. Spilleren må ikke prøve "Den russiske kilometer" uden at være ordentlig opvarmet.

Forløb:
Der løbes kontinuerligt – dvs. uden pauser – således:
   - 100 meter almindeligt joggingløb
   - 200 meter løb i maksimalt tempo (næsten spurt)
   - 300 meter almindeligt joggingløb
   - 400 meter løb i højt tempo (ikke spurt)

Fartleg

Organisering:
Spillerne er sammen i hold à 4 spillere. Der løbes i terrænet (skov, bold-bane, gader og veje eller lignende).

Forløb:
Spillerne løber på en række og skiftes til at have føringen. Hver spiller har føringen cirka 1 minut, hvorefter der skiftes. Den forreste spiller bestemmer suverænt tempo, retning m.m. De bagved løbende skal følge hende, så godt de kan. Det er vigtigt, at der varieres på både tempo og retning – eksempelvis skiftes mellem jogging, almindeligt løb, korte spurter, lange spurter, zigzag løb og lignende. Når føringen skifter, trækker den forreste spiller ud til siden og lægger sig bagerst i rækken – og nummer 2 i rækken overtager føringen overtager føringen det næste minut.

Fartleg i terrænet

Organisering:
Spillerne deles i et passende antal grupper (minimum 4 – maksimum 8).

Forløb:
Spillerne vælger én der starter som gruppeleder – opgaven går på skift. Der løbes ud i terrænet – ikke nødvendigvis ad en på forhånd fastsat rute. Gruppelederen bestemmer undervejs hvor der skal løbes hen, om der skal indlægges spurter osv. Eksempelvis siger hun "nu spurter vi hen til det store grantræ", eller "vi løber over til den blå varevogn og derfra til den røde…" Når gruppen når til det anviste sted, luntes videre til næste "ordre" gives.

Man kan løbe så langt eller så kort tid som ønsket. Der kan løbes alle steder… skov, strand, villakvarter, fodboldbane… man kan altid finde en rute!

Firkantløb – 1

Organisering:
En keglebane på cirka 40 x 40 meter opstilles på en halv fodboldbane eller andet passende terræn. Der skal bruges fire kegler.

Forløb:
Spillerne – i princippet ubegrænset antal – starter jævnt fordelt ved alle 4 kegler. Der løbes højre om fra kegle til kegle, når træneren fløjter.

Træneren fløjter med forskelligt interval efter følgende skema:

- 15 intervaller a 30 sekunder
- 10 intervaller a 25 sekunder
- 5 intervaller a 20 sekunder

Spillerne bestemmer selv om de vil løbe intervallet i roligt tempo, således at de stort set løber uden pauser, eller om de vil spurte og således (måske) opnå en pause indtil næste fløjt.

Hvis en spiller ikke når frem til næste kegle inden for den afsatte tid, fortsætter hun med at jogge banen rundt, til øvelsen er slut for de andre.

Firkantløb – 2

Organisering:
En keglebane på cirka 40 x 20 meter opstilles på en halv fodboldbane eller andet passende terræn. Der skal bruges kegler.

Forløb:
Spillerne – i princippet ubegrænset antal – starter jævnt fordelt ved alle 4 kegler.

På langsiderne (40 meter) spurtes og på de korte sider (20 meter) jogges let.

Spillerne må på intet tidspunkt stå helt stille. Hver gang en spiller stopper udløser det 2 ekstra omgange, når øvelsen er slut for de andre.

Der løbes 3 x 5 omgange med 1 minuts pause imellem hver runde af 5 omgange. Hertil kommer eventuelle strafomgange…

Firkantløb med diagonal spurt

Organisering:
En rimelig stor bane markeres på en fodboldbane eller passende terræn. Banen skal være rektangulær, ikke kvadratisk – eksempelvis 50 x 30 eller 40 x 20 meter. Størrelsen kan reguleres efter niveau, ønsket effekt m.m. Der skal bruges fire kegler. I den følgende beskrivelse udgøres rektanglets hjørner af kegle 1 til kegle 4.

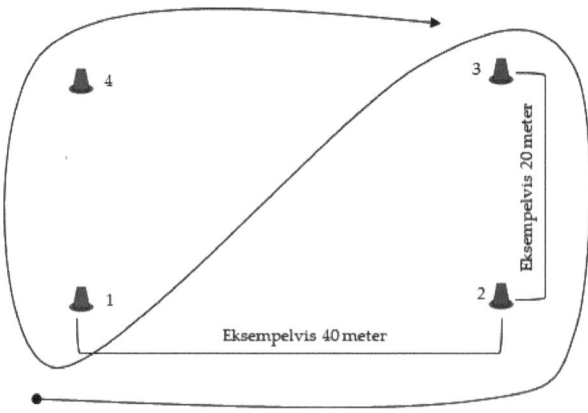

Forløb:
Spillerne løber i almindeligt tempo på langsiderne, småjogger på enderne og spurter maksimalt diagonalt.

Eksempel:
Rektanglets fire hjørne udgøres af kegle 1, kegle 2, kegle 3 og kegle 4. Spillerne starter ved kegle 1 og løber i almindeligt tempo til kegle 2 (strækningen udgør den ene langside). De småjogger fra kegle 2 til kegle 3 (strækningen udgør den ene korte endeside). De spurter diagonalt fra kegle 3 til kegle 1, småjogger fra kegle 1 til kegle 4 (strækningen udgør den anden korte endeside). De løber i almindeligt tempo fra kegle 4 til kegle 3 (strækningen udgør den anden langside) og spurter igen diagonalt fra kegle 3 til kegle 1. Herefter løber de i almindeligt tempo til kegle 2… og så videre.

Øvelsen løbes først 8 minutter, derefter 6 minutter med 2 minutters pause imellem.

Flyvende 20 meter spurt

Organisering:
Der skal bruges fire kegler.

En løbebane markeres med de fire kegler: Kegle 1 stilles, hvor spillerne skal starte, kegle 2 stilles cirka 10 meter fra kegle 1, kegle 3 cirka 20 meter fra kegle 2 og sluttelig kegle 4 10 meter fra kegle 3 - således at der laves en løbebane inddelt i 3 strækninger på henholdsvis 10 meter, 20 meter og 10 meter.

Der trænes dynamisk, eksplosiv spurt over 20 meter – maksimal eksplosiv kraft.

Løberen skal være opvarmet før øvelsen udføres.

Forløb:
Spilleren starter ved kegle 1. Hun løber frem mod kegle 2 (accelerere),
således at hun løber maksimalt spurt mellem kegle 2 og kegle 3. Fra
kegle 3 til kegle 4 bremser hun ned i fart.

De første 10 meter er altså accelerationsstrækningen, her kommer spil-
leren "op i fart", de midterste 20 meter er selve spurtstrækningen – hvis
der tages tid på løberen, skal tiden startes, når den anden kegle passeres
(kegle 2) og stoppes, når den tredje (kegle 3) passeres. De sidste 10 me-
ter er bremsestrækning. Der løbes således i alt 40 meter.

Forfølgelsesløb

Organisering:
En bane på cirka 20 x 20 meter markeres med 4 kegler på en fodbold-
bane, alternativt andet passende terræn. Man kan også markere en lidt
mindre bane indendørs på en halv håndboldbane.

Spillerne er sammen i hold à 4 spillere, der helst skal have nogenlunde
samme niveau.

Forløb:
Spillerne på holdet placerer sig én ved hver kegle. På signal starter lø-
bet; det gælder om at indhente en anden spiller på holdet og samtidig
undgå at blive indhentet. Når en spiller indhenter og rører ved en for-
anliggende spiller fra eget hold, udgår hun af løbet. Den spiller, hun
berørte, fortsætter og så fremdeles, til der kun er én spiller fra holdet
tilbage på banen. Alternativt kan øvelsen kører 6 minutter, hvorefter
man starter forfra, uanset antallet af spillere, der er tilbage på banen fra
hvert hold.

Øvelsen gennemføres 4 gange, hvis den ikke køres på tid; 2 gange, hvis
den kører på tid.

Hareløb

Organisering:
Spillerne er sammen i hold à 3 spillere, der helst skal have nogenlunde samme niveau. Der løbes rundt om en fodboldbane.

Forløb
To spillere løber, den tredje holder pause. Bortset fra første og sidste omgang løber hver spiller en omgang som hare og en omgang som jagthund i træk. Den forreste spiller sætter tempo, den bagerste skal følge hende og må ikke være længere væk fra hende end cirka 1 meter.

Der løbes således:
- Spiller 1 løber forrest, Spiller 2 bagerst – Spiller 3 pauser
- Spiller 2 løber forrest, Spiller 3 bagerst – Spiller 1 pauser
- Spiller 3 løber forrest, Spiller 1 bagerst – Spiller 2 pauser
- Og så videre… det ønskede antal omgange.

Jagtstart

Organisering:
Spillerne er sammen parvis – der løbes på centerbane eller andet passende område i terrænet med gode oversigtsforhold.

Forløb:
Den ene spiller starter med at løbe i normalt tempo. Når hun har fået et passende forspring – afgøres af spillernes niveau (det kan være 10-15 sekunder eller 20-25 meter eller lignende), så gives signal og den anden spiller skal hurtigst muligt indhente hende og klappe hende på skulderen. Herefter byttes roller.

Jog/spurt – 1

Organisering:
Der skal bruges 4 kegler.

Keglerne stilles på række: Mellem kegle 1 og kegle 2 og mellem kegle 2 og kegle 3 skal der være 10 meter og mellem kegle 3 og kegle 4 20 meter. Afstanden kan varieres alt efter niveau og ønsket effekt.

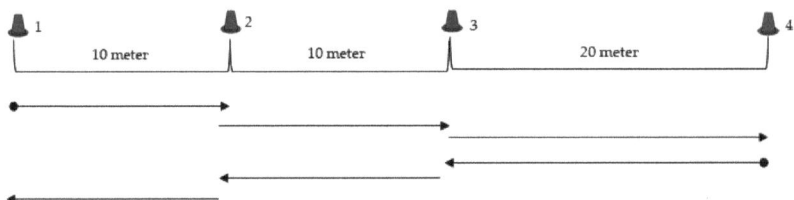

Spillerne starter ved kegle 1. Hvis der er mange, kan man lade halvdelen starte ved kegle 4

Forløb:
Der løbes således:

- Mellem kegle 1 og kegle 2: Jog i langsomt tempo
- Mellem kegle 2 og kegle 3: 80 % spurt
- Mellem kegle 3 og kegle 4: Jog i langsomt tempo
- Mellem kegle 4 og kegle 3: 80 % spurt
- Mellem kegle 3 og kegle 2: Jog i langsomt tempo
- Mellem kegle 2 og kegle 1: 80 % spurt

Øvelsen gennemføres enten på tid eller et ønsket antal gennemløb.

Jog/spurt – 2

Organisering:
Et antal spillere og 5 kegler.

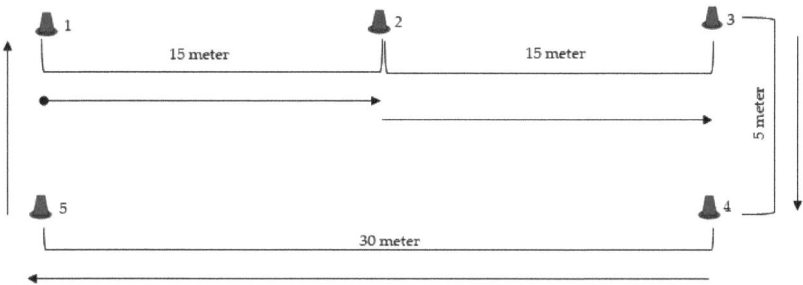

Keglerne stilles i et rektangel:
Den ene langside udgøres af kegle 1, kegle 2 og kegle 3. Der skal være cirka 15 meter mellem keglerne. Den anden langside udgøres af kegle 4 og kegle 5 – afstand cirka 30 meter. Enderne skal være cirka 5 meter brede. Afstanden på siderne kan varieres alt efter niveau og ønsket effekt.

Spillerne starter ved kegle 1

Forløb:
Der løbes efter følgende "skabelon":

- Mellem kegle 1 og kegle 2: Jog i langsomt tempo
- Mellem kegle 2 og kegle 3: 80 % spurt
- Mellem kegle 3 og kegle 4: Jog i langsomt tempo
- Mellem kegle 4 og kegle 5: 80 % spurt
- Mellem kegle 5 og kegle 4: Gå i normalt tempo

Øvelsen gennemføres enten på tid eller et ønsket antal gennemløb.

Jog/spurt – 3

Organisering:
Der skal bruges 3 kegler.

Keglerne stilles på række. Der skal være cirka 5 meter mellem kegle 1 og kegle 2 og cirka 10 meter mellem kegle 2 og kegle 3. Afstanden kan varieres alt efter niveau og ønsket effekt.

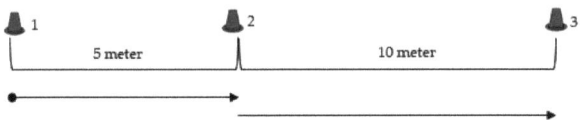

Spillerne starter ved kegle 1.

Forløb:
Der løbes efter følgende "skabelon":

- Mellem kegle 1 og kegle 2: Jog i langsomt tempo
- Mellem kegle 2 og kegle 3: 80 % spurt

Spillerne går tilbage til kegle 1 efter at have spurtet mellem kegle 2 og kegle 3.

Øvelsen gennemføres enten på tid eller et ønsket antal gennemløb.

Jog/spurt – 4

Organisering:
Der skal bruges 3 kegler.

Keglerne stilles på række. Der skal være cirka 5 meter mellem kegle 1 og kegle 2 og cirka 10 meter mellem kegle 2 og kegle 3. Afstanden kan varieres alt efter niveau og ønsket effekt.

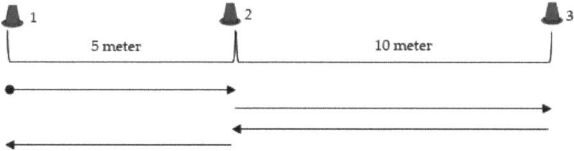

Spillerne starter ved kegle 1.

Forløb:
Der løbes efter følgende "skabelon":

- Mellem kegle 1 og kegle 2: Jog i langsomt tempo
- Mellem kegle 2 og kegle 3: 80 % spurt
- Mellem kegle 3 og kegle 2: Jog i langsomt tempo
- Mellem kegle 2 og kegle 1: 80% spurt

Spillerne går tilbage til kegle 1 efter at have spurtet mellem kegle 2 og kegle 3.

Øvelsen gennemføres enten på tid eller et ønsket antal gennemløb.

Kort distance-intervalløb

I mange boldspil er det vigtigt at kunne spurte maksimalt over korte distancer - at kunne løbe eksplosivt, at kunne accelerere og at kunne bremse op inden for sekunder. Ved eksempelvis et kontraløb i håndbold skal der accelereres hurtigt op ad banen, løbes måske 7-15 meter ved maksimalt tempo og bremses ned igen. Denne øvelse sigter mod at træne de korte spurter. Øvelsen opererer med 3 distancer, der over et forløb netop træner acceleration, opbremsning og maksimal, kort spurt.

Organisering:
Der skal bruges seks kegler.

Keglerne stilles, så der markerer en distance på cirka 30 meter, cirka 20 meter og cirka 10 meter. Spillerne er sammen i hold med hver 3 spillere.

Når der startes, placere to spillere ved den ene kegle, en spiller ved den anden på den given distance.

Forløb:
Én af spillerne ved keglen med to spillere starter. På signal løber første spiller op til spilleren, der står alene ved en anden kegle, klapper hende i hånden til signal om, at hun skal spurte ned til hende, der nu står alene og så videre. Det er vigtigt, at spillerne gøres bevidst om, at opbremsningen er lige så vigtig som accelerationen.

Alle distancer skal ikke nødvendigvis gennemløbes i samme træningssession. Men det er vigtigt at inddrage øvelserne over en periode. Eksempelvis:

- Dag 1: 8 x 30 meter pr. spiller
- Dag 2: 16 x 20 meter pr. spiller
- Dag 3: 32 x 10 meter pr. spiller

Repetitionerne er kun vejledende. Der skal afpasses efter spillernes niveau/træningstilstand.

Korte spurter

Organisering:
Spillerne spurter med korte, eksplosive spurter på en 5-15 meters strækning. Brug eventuelt to kegler til at markere start og stop.

Forløb:
Spillerne starter som anført nedenfor ved den ene kegle. På signal spurter de til modsatte kegle og agerer på samme måde som ved starten, indtil næste signal gives.

- joggende på stedet med ryggen til løberetningen
- joggende på stedet med front mod løberetningen
- steppende med ryggen til løberetningen
- steppende med front mod løberetningen
- høje knæløft på stedet med ryggen til løberetningen
- hælspark på stedet med front mod løberetningen
- høje hop med samlede ben med ryggen mod løberetningen
- høje hop med samlede ben med front mod løberetningen

Sekskantløb

Organisering:
6 kegler opstilles på en fodboldbane, eller andet passende terræn, så de udgør en sekskant. Der skal være 20-25 meter mellem hver kegle.

Spillerne er sammen i hold med hver 7 spillere. Hvert hold skal have en stafet (overtrækstrøje eller lignende)

Forløb:
To spillere fra hvert hold stiller sig ved 1 kegle. De andre fordeler sig ved de øvrige 5 kegler. På signal spurter den ene af de 2 spillere ved startkeglen frem til spilleren ved den næste kegle, giver hende stafetten og bliver stående, mens den spiller, hun gav stafetten til, spurter frem til den næste spiller og så videre.

Stafetløb – 1

Organisering:
Spillerne arbejder sammen i 3-mandshold.
Der skal bruges 4 kegler til hver stafetbane.
Hvert 3-mandshold bør have deres egen
bane. Holdet skal bruge en overtrækstrøje,
en pind eller andet, der kan bruges som
"depeche".

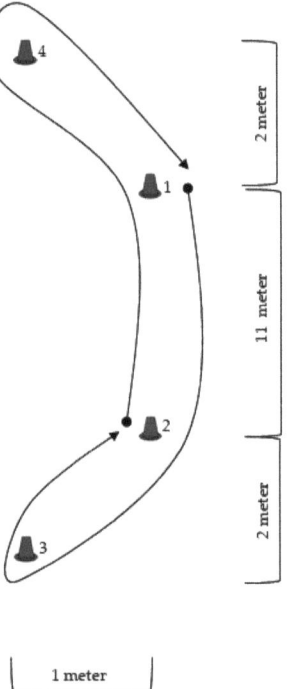

Keglerne stilles på to rækker, men forskudt
for hinanden, så der dannes en kort og en
lang række. Kegle 1 og kegle 2 udgør den
korte række – der skal være cirka 11 meter
imellem dem. Kegle 3 og kegle 4 udgår den
lange række – der skal være cirka 15 meter
i mellem dem. Afstanden mellem de to
rækker skal være cirka 1 meter.

To spillere starter ved kegle 1 og en ved
kegle 3. Den første spiller ved kegle 1 skal
have "depechen" i hånden.

Forløb:
Den første spiller ved kegle 1 spurter rundt om kegle 2 og kegle 3, giver
overtrækstrøjen til spilleren ved kegle 2, og bliver stående. Spilleren,
der får overtrækstrøjen, spurter rundt om kegle 4 til spilleren ved kegle
1, hvor hun giver hende "depechen". Hun bliver stående ved kegle 1.
Spilleren, der overtager "depechen", spurter videre som beskrevet for
den startende spiller - og så videre...

Øvelsen kan gennemføres med et passende antal gennemløb. Afhængig af om der fokuseres på tempo eller distance – eller en kombination. Et gennemløb = at alle tre spillere står ved den kegle, hvor de startede.

såfremt der lægges en dyst ind (det behøves ikke, men højner spilernes intensitet), har 3-mandsteamet, der gennemfører øvelsen hurtigst, eller kommer først i mål, vundet. Hvis der kun stilles én bane op, men er flere hold, så dyster disse mod hinanden på tid – der skal således også bruges en tidtager (typisk træner/instruktør) – hvis der stilles 2 eller 3 baner op, så dyster de arbejdende 3-mandshold mod hinanden ("hvem-kommer-først"?).

Stafetløb – 2

Organisering:
Spillerne arbejder sammen i 3-mandshold. Der skal bruges 4 kegler til hver stafetbane. Hvert 3-mandshold bør have deres egen bane. Holdet skal bruge en overtrækstrøje, en pind eller andet, der kan bruges som "depeche".

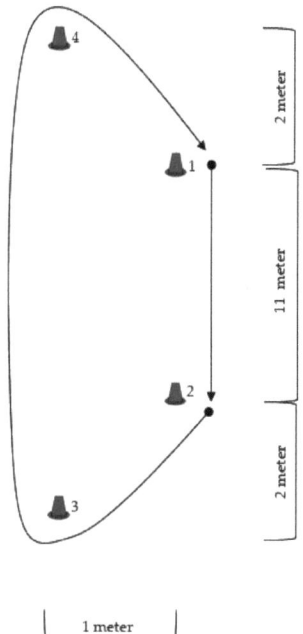

Keglerne stilles på to rækker, men forskudt for hinanden, så der dannes en kort og en lang række. Kegle 1 og kegle 2 udgør den korte række – der skal være cirka 11 meter imellem dem. Kegle 3 og kegle 4 udgår den lange række – der skal være cirka 15 meter i mellem dem. Afstanden mellem de to rækker skal være cirka 1 meter.

To spillere starter ved kegle 1 og en ved kegle 2. Den første spiller ved kegle 1 skal have "depechen" i hånden.

Forløb:
Den første spiller ved kegle 1 spurter til kegle 2, giver overtrækstrøjen til spilleren, der står der, og bliver stående. Spilleren, der får overtræks-trøjen, spurter rundt om kegle 3 og kegle 4 til spilleren ved kegle 1, hvor hun giver hende "depechen". Hun bliver stående ved kegle 1. Spilleren, der overtager "depechen", spurter videre som beskrevet for den startende spiller - og så videre...

Øvelsen kan gennemføres med et passende antal gennemløb. Afhængig af om der fokuseres på tempo eller distance – eller en kombination. Et gennemløb = at alle tre spillere står ved den kegle, hvor de startede.

Såfremt der lægges en dyst ind (det behøves ikke, men højner spilernes intensitet), har 3-mandsteamet, der gennemfører øvelsen hurtigst, eller kommer først i mål, vundet. Hvis der kun stilles én bane op, men er flere hold, så dyster disse mod hinanden på tid – der skal således også bruges en tidtager (typisk træner/instruktør) – hvis der stilles 2 eller 3 baner op, så dyster de arbejdende 3-mandshold mod hinanden ("hvem-kommer-først"?).

Stafetløb – 3 – almindelig stafet rundt om kegle

Organisering:
Spillerne er sammen i hold à 4-5 spillere – i princippet ubegrænset antal hold. Hvert hold skal bruge to kegler eller anden markering.

Keglerne stilles op med 15-20 meters mellemrum (afstanden kan varieres alt efter niveau).

Spillerne starter på række ved kegle 1.

Forløb:
Den første spiller i hver række løber forlæns op og runder kegle 2, og baglæns tilbage bag i holdets række, hvor hun klapper spilleren foran på bagdelen, hvilket forplanter sig op gennem rækken som signal til, at (den nu) første spiller i rækken må starte sit løb.

Hurtigste hold vinder.

Der aftales forud hvor mange omgange, der skal løbes.

Stafetløb – 4 – kort stafet

Organisering:
Spillerne er sammen i hold à 6-8 spillere – i princippet ubegrænset antal hold.

Hvert hold skal bruge to kegler eller anden markering.

Keglerne stilles op med 20-25 meters mellemrum (afstanden kan varieres alt efter niveau).

Halvdelen af spillerne på hvert hold starter på række ved kegle 1, den anden halvdel ved kegle 2.

Forløb:
Den første spiller i rækken ved kegle 1 løber ned bag rækken ved kegle 2. Signal til, at første spiller i rækken ved kegle 2 må starte, er et tydeligt klap i hånden fra spilleren, der ankommer fra rækken ved kegle 1 og så videre.

Der løbes 5 omgange (gennemføres 2 gange)

- 1. omgang løbes almindeligt
- 2. omgang løbes baglæns
- 3. omgang løbes sideløb
- 4. omgang løbes gadedrengeløb
- 5. omgang løbes krigsdans

Hurtigste hold vinder.

Der aftales forud hvor mange omgange, der skal løbes.

Stafetløb – 5 – begge ender stafet – 1

Organisering:
Spillerne er sammen i hold à 3-5 spillere – i princippet ubegrænset antal hold, så længe antallet kan deles med 2. Holdene dyster mod hinanden parvis.

De to hold, der dyster mod hinanden, skal bruge to kegler eller anden markering.

Keglerne stilles op med 20-25 meters mellemrum (afstanden kan varieres alt efter niveau).

Det ene hold starter på række ved kegle 1, det andet ved kegle 2.

Forløb:
Den første spiller fra hvert hold løber en hel omgang – ned bag det andet hold og retur bagerst i egen række, hvor hun giver spilleren foran et klap på hovedet, hvilket forplanter sig op gennem rækken som signal til at den nu første spiller må starte.

Hurtigste hold vinder.

Der aftales forud hvor mange omgange, der skal løbes.

Variation:
Løb kan varieres, således at der løbes forlæns den ene vej og baglæns den anden.

Stafetløb – 6 – begge ender stafet – 2

Organisering:
Spillerne er sammen i hold à 3-5 spillere – i princippet ubegrænset antal hold, så længe antallet kan deles med 2. Holdene dyster mod hinanden parvis.

De to hold, der dyster mod hinanden, skal bruge to kegler eller anden markering.

Keglerne stilles op med 20-25 meters mellemrum (afstanden kan varieres alt efter niveau).

Det ene hold starter på række ved kegle 1, det andet ved kegle 2.

Forløb:
Spillerne fra hvert hold er placeret bag henholdsvis kegle 1 og kegle 2. Den bagerste spiller i hver række springer buk over de foranstående (der står foroverbøjet med hænderne støttende på deres knæ) og løber en hel omgang – ned bag det andet hold og retur forrest i egen række. Den nu bagerste spiller springer buk over de foranstående og så videre.

Hurtigste hold vinder.

Der aftales forud hvor mange omgange, der skal løbes.

Stafetløb – 7 – begge ender stafet – 3

Organisering:
Spillerne er sammen i hold à 3-5 spillere – i princippet ubegrænset antal hold, så længe antallet kan deles med 2. Holdene dyster mod hinanden parvis.

De to hold, der dyster mod hinanden, skal bruge to kegler eller anden markering.

Keglerne stilles op med 20-25 meters mellemrum (afstanden kan varieres alt efter niveau).

Det ene hold starter på række ved kegle 1, det andet ved kegle 2.

Forløb:
Spillerne fra hvert hold er placeret bag henholdsvis kegle 1 og kegle 2. Den bagerste spiller i hver række kravler mellem benene på de foranstående (der står i bredstående) og løber en hel omgang – ned bag det andet hold og retur forrest i egen række. Den nu bagerste spiller kravler mellem benene på de foranstående og så videre.

Hurtigste hold vinder.

Der aftales forud hvor mange omgange, der skal løbes.

Stafetløb – 8 – nummerstafet

Organisering:
Spillerne er sammen i hold à 3-5 spillere – i princippet ubegrænset antal hold. Holdene løber mod hinanden – eller det vil sige, spillere med samme nummer løber dyster mod hinanden... så det r en god ide at

matche så vidt muligt med hensyn til løbekapacitet, hurtighed m.m. på tværs af holdene.

De hold, der dyster mod hinanden, skal bruge to kegler eller anden markering hver.

Keglerne stilles op med 20-25 meters mellemrum (afstanden kan varieres alt efter niveau). Hvert hold skal have sin egen keglerække (kegle 1 og kegle 2).

Alle hold starter siddende på række ved deres kegle 1.

Alle spillere på holdet får tildelt et nummer fra 1 til det antal, der nu er. De skal sidde således, at spillere med samme nummer sidder ud for hinanden på begge hold.

Forløb (i eksemplet er der 4 spillere på hvert hold):
Træneren nævner et nummer mellem 1 og 4 – eksempelvis nummer 3 – og spillerne med nummer 3 rejser sig og løber op og runder kegle 2, tilbage ned rundt om egen række og på plads igen. Træneren nævner et nyt nummer osv. Husk at nævne tallene i vilkårlig rækkefølge og lige mange gange. Spillerne må ikke kunne regne ud, at når 1-2-4 har løbet kommer nr. 3 eksempelvis.

Der løbes et på forhånd aftalt antal runder pr. nummer.

Nummerstafet løbes ikke hold mod hold, men individuelt mellem spillere med samme nummer.

Stafetløb – 9 – slalomstafet

Organisering:
Spillerne er sammen i hold à 3-5 spillere – i princippet ubegrænset antal hold. Holdene dyster mod hinanden.

De hold, der dyster mod hinanden, skal bruge 6-8 kegler eller anden markering hver.

Keglerne stilles med 3-4 meters mellemrum (afstanden kan varieres alt efter niveau). Hvert hold skal have sin egen keglerække.

Alle hold starter på række ved deres kegle 1.

Forløb:
Første spiller i rækken løber slalom op gennem keglerne og retur. Der vendes omkring den sidste kegle. Når hun kommer tilbage, løber hun bag i holdets række, hvor hun prikker den foranstående på skulderen, som signal til at den nu forreste spiller må løbe – og så videre.

Hurtigste hold vinder.

Der aftales forud hvor mange omgange, der skal løbes.

Variation:
Løb kan varieres, således at der løbes forlæns den ene vej og baglæns den anden.

Stafetløb omkring fodboldbane – 1

Organisering:
Der løbes omkring en fodboldbane.
Spillerne er sammen i hold med hver 5 spillere. Hvert hold skal have en stafet (overtrækstrøje eller lignende)

Spillerne på hvert hold fordeler sig med en midt på hver baneende (typisk bag hver sit mål), en på midten af den ene langside og to ved midten på den anden (typisk hvor midterlinjen rammer sidelinjen)

Forløb:
På signal spurter den ene af de 2 spillere ved startpositionen (midt på den ene langside) frem til hende bag det første mål, giver hende stafetten og bliver stående, mens den spiller hun gav stafetten til, spurter frem til den næste spiller på den anden langside (ved midterlinjen), giver stafetten videre, og bliver stående, mens spilleren her løber til spilleren bag det andet mål – og så videre…

Stafetløb omkring fodboldbane – 2

Organisering:
Der løbes omkring en fodboldbane.
Spillerne er sammen i hold med hver 3 spillere. Hvert hold skal have en stafet (overtrækstrøje eller lignende) Spillerne fordeler sig med to ved midterlinjen ved den ene sidelinje og en ved den anden.

Forløb:
På signal spurter den ene af de 2 spillere ved startpositionen ved midterlinjen frem til spilleren modsat, giver hende stafetten og bliver stående, mens den spiller hun gav stafetten til, spurter frem til den næste spiller ved midterlinjen – og så videre…

Start-stop-løb – 1

Organisering:
Spillerne arbejder sammen parvis.

Der skal bruges 3 kegler til at markere en løbebane.

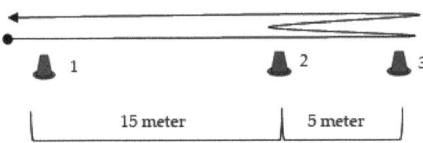

Mellem kegle 1 og kegle 2 skal der være en afstand på cirka 15 meter og mellem kegle 2 og kegle 3 cirka 5 meter.

Forløb:
Spillerne starter ved kegle 1 og løber
- til kegle 3, berører kegletoppen, derefter baglæns
- til kegle 2, berører kegletoppen, løber frem
- til kegle 3, berører kegletoppen og baglæns tilbage til kegle 1

Den løbende spiller klapper den hende der venter i hånden som signal til at hun må starte. Spillerne skal spurte igennem – der skal løbes så stærkt som muligt.

Der løbes enten et antal forud antal aftalte omgange eller på tid.

Hvis der er flere hold kan der indlægges en konkurrence. Hvem løber flest omgange på tid? Hvem når først et bestemt antal?

Start-stop-løb – 2

Organisering:
Spillerne arbejder sammen i 3-mandshold. Der skal bruges 5 kegler til at markere en løbebane.

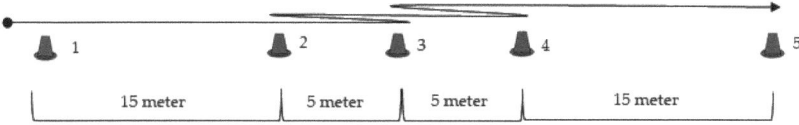

Mellem den kegle 1 og kegle 2 skal der være en afstand på cirka 15 meter, mellem kegle 2 og kegle 3 cirka 5 meter, mellem kegle 3 og kegle 4 cirka 5 meter og mellem kegle 4 og kegle 5 cirka 15 meter.

To spillere starter ved kegle 1 og en ved kegle 5.

Forløb:
Den ene spiller ved kegle 1 løber
- til kegle 3, berører kegletoppen, derefter baglæns
- til kegle 2, berører kegletoppen, løber frem
- til kegle 4, berører kegletoppen og baglæns tilbage
- til kegle 3, berører kegletoppen og spurter til kegle 5,

hvor hun klapper den ventende spiler i hånden, der herefter løber

- til kegle 3, berører kegletoppen, derefter baglæns
- til kegle 4, berører kegletoppen, løber frem
- til kegle 2, berører kegletoppen og baglæns tilbage
- til kegle 3, berører kegletoppen og spurter til kegle 1,

hvor hun klapper den ventende spiller i hånden, der herefter løber til kegle 3 – og så videre.

Den spiller, der lige har løbet, bliver stående, hvor den spiller, hun klappede i hånden stod, indtil det bliver hendes tur igen.

Spillerne skal spurte igennem – der skal løbes så stærkt som muligt.

Der løbes enten et antal forud antal aftalte omgange eller på tid.

Hvis der er flere hold kan der indlægges en konkurrence. Hvem løber flest omgange på tid? Hvem når først et bestemt antal?

Stigende intervalløb 20-40-60-80-100 meter

Organisering:
Der løbes på en markeret strækning på cirka 20 meter. Brug 2 kegler til at markere start og stop. Spillerne starter liggende på maven med front mod løberetningen ved kegle 1.

Forløb:
- På signal løber spillerne en gang til fra kegle 1 til kegle 2, hvorefter de lægger sig ned på maven igen (1 x 20 meter)
- På signal løber spillerne fra kegle 2 til kegle 1 og retur til kegle 2, hvorefter de lægger sig på maven igen (2 x 20 meter = 40 meter)
- På signal løber spillerne fra kegle 2 til kegle 1, retur til kegle 2 og igen til kegle 1, hvorefter de lægger sig ned på maven igen (3 x 20 meter = 60 meter)
- På signal løber spillerne fra kegle 1 til kegle 2, retur til kegle 1, igen fra kegle 1 til kegle 2 og retur til kegle 1, hvorefter de lægger sig ned på maven igen (4 x 20 meter = 80 meter)
- På signal løber spillerne kegle 1 til kegle 2, retur til kegle 1, igen fra kegle 1 til kegle 2, retur til kegle 1 og sluttelig fra kegle 1 til kegle 2, hvorefter de lægger sig ned på maven igen (5 x 20 meter = 100 meter)

Signal til næste tur gives umiddelbart efter den sidste spiller i en given omgang har lagt sig. Derved får de spillere, der løber stærkest, en lidt længere pause, end de, der vælger at tage den med ro. Med andre ord: Hurtighed belønnes med et pusterum.

Trekantløb

Organisering:
7 kegler opstilles i en ligesidet tre-kant på en fodboldbane eller andet passende område. Trekantens sider skal være 30 meter; der skal være 10 meter mellem hver kegle i hver side, og 30 meter mellem "toppen" (mel-lem kegle 6 og kegle 7).

Spillerne starter ved kegle 1.

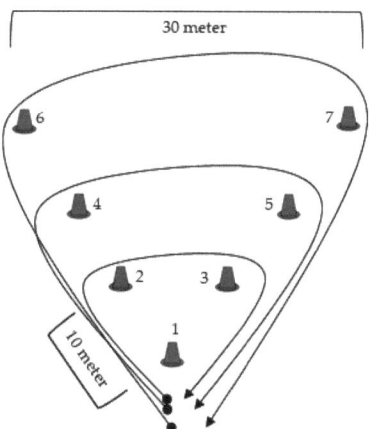

Forløb:
Spillerne

- jogger 90 meter – fra kegle 1 rundt om kegle 6 og kegle 7 og tilbage kegle 1
- løber med et tempo svarende til 75 % af deres maksimale – fra kegle 1, rundt om kegle 4 og kegle 5 og tilbage til kegle 1
- spurter 30 meter med maksimalt tempo – fra kegle 1 rundt om kegle 2 og kegle 3 og tilbage til kegle 1

Turen rundt om den store trekant gennemløbes mellem 9 og 18 gange med 30 sekunders pause mellem hver omgang.

Turen rundt om den mellemstore trekant gennemløbes 6-9 gange med 30 sekunders pause mellem hver omgang.

Turen rundt om den lille trekant gennemløbes 1-3 gange med 30 sekunders pause mellem hver omgang.

Mellem hvert skifte – fra stor til mellemstor til lille trekant – holdes 2 minutters pause.

Afstand og antal repetitioner kan tilpasses niveau.

Tur-retur – 1

Organisering:
Hver spiller skal bruge en "depeche" – en overtrækstrøje, en pind, en bold; et eller andet objekt, de kan løbe med i den ene hånd.

Der skal ligeledes bruges to kegler til at markere en 20 meters løbebane.

Alle spillere starter ved ene kegle med deres "depeche".

Forløb:
På signal løber spillerne (almindeligt løb) over til modsatte kegle, lægger deres "depeche" og spurter tilbage igen. Her tæller de langsomt til 15, hvorefter de spurter over og henter "depechen" igen. Returløb med "depeche" foregår i almindeligt løbetempo.

Der løbes enten på fastsat tid eller et antal ture tur-retur.

Tur-retur – 2

Organisering:
Hver spiller skal bruge en "depeche" – en overtrækstrøje, en pind, en bold; et eller andet objekt, de kan løbe med i den ene hånd.

Der skal ligeledes bruges fem kegler til at markere løbebanen. Der skal være 10 meter mellem hver kegle (afstand kan varieres efter niveau/ønsket effekt).

Alle spillere starter ved kegle 1 med deres "depeche".

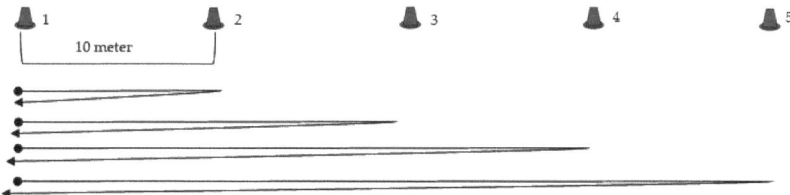

Forløb:
På signal starter spillerne løb ifølge nedenstående:

Der løbes

- Fra kegle 1 til kegle 2, hvor spilleren lægger "depechen" – herefter retur til kegle 1
- Fra kegle 1 frem til kegle 3, undervejs samles "depechen" ved kegle 2 op og lægges ved kegle 3 – herefter retur til kegle 1
- Fra kegle 1 frem til kegle 4, undervejs samles "depechen" ved kegle 3 op og lægges ved kegle 4 – herefter retur til kegle 1
- Fra kegle 1 frem til kegle 5, undervejs samles "depechen" ved kegle 4 op og lægges ved kegle 5 – herefter retur til kegle 1

-   Fra kegle 1 frem til kegle 5, hvor "depechen" samles op og der returneres til kegle 1 med "depechen"

Tur-retur – 3

Organisering:
Spillerne er sammen i par.

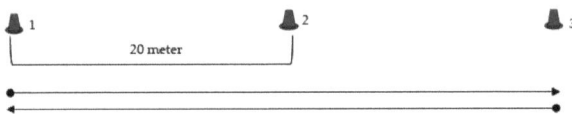

Hvert par skal bruge en "depeche" – en overtrækstrøje, en pind, en bold; et eller andet objekt, de kan løbe med i den ene hånd.

Der skal ligeledes bruges tre kegler til at markere løbebanen. Der skal være 20 meter mellem hver kegle (afstand kan varieres efter niveau/ønsket effekt).

Alle par starter ved kegle 1.

Forløb:
På signal spurter den ene spiller op til kegle 2 med "depechen", lægger den og fortsætter til kegle 3. Når hun står ved kegle 3, må den anden spiller starte: Hun spurter op til kegle 2, tager "depechen" og løber ned og giver den til den anden spiller (skal ske bag kegle 3). Herefter løber den første spiller igen op til kegle 2 med "depechen" – og så videre.

Øvelsen gennemføres minimum 2 gange. Spillerne bytter efter første omgang, så den spiller, der løb først i første omgang, nu løber sidst, og omvendt.

Ude og hjemme

Organisering:
Der skal bruges en tidtager (typisk træneren).

Der løbes på åbent område i terrænet, sportsplads eller lignende.

Forløb:
Alle spillerne starter ved samme punkt – hvis der løbes på en sports-plads, eksempelvis på baglinjen af opmærket fodboldbane. På signal løber spillerne så langt som muligt, inden der fløjtes igen. Efter kort pause (1-2 minutter) fløjtes igen og spillerne løber tilbage til udgangs-punktet. Der tages tid på løbet ud, og fløjtes igen, når der er gået præcis samme tid på løbet hjem. De spillere, der ikke er nået tilbage på samme tid som ved løbet ud, skal foretage mild "fysisk straf", eksempelvis 5 armstræk eller lignende – eller spurte en kort tur, inden øvelsen genta-ges.

Løbetiden kan variere – alt fra 2-3 minutter til 8-10 minutter – alt af-hængigt af hvor lang en rute, der kan løbes uden at spillerne skal løbe "tilbage igen". Løbebane, hvor der tælles omgange, kan også benyttes.

Udskilningsløb

Organisering:
Der skal bruges 2 kontrollanter (typisk trænere eller indisponible spil-lere).

Øvelsen udføres bedst på en håndboldbane.

Alle spillere starter bag den ene baglinje. Der skal stå en kontrollant på midterlinjen og på modsatte baglinje.

Øvelsen kan eventuelt bruges efter den almindelige træning er slut, lige før spillerne skal strække ud o.l.

Forløb:
Alle spillere starter bag den ene baglinje. På signal spurter de ned til modsatte baglinje, hvor der vendes med begge fødder uden for banen – sker dette ikke for bare én af de løbende spillere (hvis der snydes), så løfter kontrollanten armene som signal til at alle lunter tilbage til udgangspositionen og starter forfra…

Vendes der reglementeret af alle, spurtes op til midterlinjen, hvor de to første, alternativt den første, kan gå ud. Resten lunter ned bag startbaglinjen igen og starter forfra… Sådan kan man blive ved til alle er ude.

Variation:
- Lad flere gå ud – start med den hurtigste, dernæst de to hurtigste, tre hurtigste osv. Herved afsluttes øvelsen væsentligt hurtigere, hvis der er mange spillere
- Stop efter et antal omgange (3-5), uden at fortælle spillerne, hvor mange gange de kan risikere at skulle løbe … hvis de ikke er hurtige nok og kan gå ud

Løbeprogrammer

4 x 5 x 7

Organisering:
Dette selvtræningsprogram forudsætter, at der løbes 4 gange på 7 dage i 7 uger. Målet er at opbygge en rimelig kondition fra grunden, således at løberen efter de 7 uger kan løbe 5 km i et rimeligt tempo. Programmet er sammensat således, at man hver uge erstatter en langsom løbedel med en hurtig, indtil man til sidst (i uge 7) ender med at løbe 4 gange 5 km på en uge i hurtigt tempo – deraf navnet 4 x 5 x 7.

Forløb:
Der løbes den angivne distance i det angivne løbetempo (i procent af løberens maksimum): 50 % = langsomt løb | 75 % = hurtigt løb (ikke maksimalt tempo).

Løbeplan:

Dag Uge	1	2	3	4	5	6	7
1	2 km: 50% 2 km: 75% 1 km: 50%	Hvile	3 km: 50% 1 km: 75% 1 km: 50%	Hvile	3 km: 50% 2 km: 75%	2 km: 50% 3 km: 75%	Hvile
2	1 km: 50% 2 km: 75% 2 km: 50%	Hvile	3 km: 75% 2 km: 50%	Hvile	4 km: 50% 1 km: 75%	2 km: 75% 1 km: 50% 2 km: 75%	Hvile

3	2 km: 50% 2 km: 75% 1 km: 50%	Hvile	1 km: 50% 4 km: 75%	Hvile	3 km: 75% 2 km: 50%	2 km: 75% 2 km: 50% 1 km: 75%	Hvile
4	4 km: 50% 1 km: 75%	Hvile	2 km: 75% 3 km: 50%	Hvile	2 km: 75% 1 km: 50% 2 km: 75%	3 km: 75% 1 km: 50% 1 km: 75%	Hvile
5	5 km: 50%	Hvile	3 km: 75% 1 km: 50% 1 km: 75%	Hvile	2 km: 50% 3 km: 75%	4 km: 75% 1 km: 50%	Hvile
6	4 km: 75% 1 km: 50%	Hvile	5 km: 75%	Hvile	4 km: 75% 1 km: 50%	5 km: 75%	Hvile
7	5 km: 75%	Hvile	5 km: 75%	Hvile	5 km: 75%	5 km: 75%	Hvile

6-ugers løbeprogram – 2 x pr. uge

Programmet er bygget op således at der skal løbes 2 gange pr. uge i en opstartsfase (over 6 uger).

Der skal varmes godt op før løb, og bagefter skal der strækkes ud efter behov.

Uge 1:

Dag 1   Der løbes 30 minutter i afslappet tempo (40% af maksimum)

Dag 2   Der løbes 10 min i almindeligt tempo (60 % af maksimum), hvorefter der løbes 20 minutter i afslappet tempo (40% af maksimum)

Uge 2:

Dag 1   Der løbes 20 minutter i afslappet tempo (40% af maksimum), hvorefter der løbes 10 minutter i almindeligt tempo (60% af maksimum)

Dag 2   Der løbes 20 min i almindeligt tempo (60 % af maksimum), hvorefter der løbes 10 minutter i afslappet tempo (40% af maksimum)

Uge 3:

Dag 1   Der løbes 10 minutter i afslappet tempo (40% af maksimum), hvorefter der løbes 20 minutter i almindeligt tempo (60% af maksimum)

Dag 2   Der løbes 20 minutter i almindeligt tempo (60 % af maksimum, hvorefter der løbes 10 minutter i lidt højere tempo (80 % af maksimum)

Uge 4:

Dag 1   Der løbes 30 minutter i almindeligt tempo (60% af maksimum).

| Dag 2 | Der løbes 20 minutter i almindeligt tempo (60 % af maksimum, hvorefter der løbes 10 minutter i lidt højere tempo (80 % af maksimum) |

Uge 5:

| Dag 1 | Der løbes 30 minutter i almindeligt tempo (60% af maksimum) |
| Dag 2 | Der løbes 10 minutter i almindeligt tempo (60 % af maksimum, hvorefter der løbes 20 minutter i lidt højere tempo (80 % af maksimum) |

Uge 6:

| Dag 1 | Der løbes 30 minutter i almindeligt tempo (60% af maksimum) |
| Dag 2 | Der løbes 30 minutter i almindeligt tempo (60% af maksimum) |

6-ugers løbeprogram – 3 x pr. uge

Programmet er bygget op således at der skal løbes 3 gange pr. uge i en opstartsfase (over 6 uger).

Der skal varmes godt op før løb, og bagefter skal der strækkes ud efter behov.

Uge 1:

Dag 1	Der løbes ca. 15 minutter i afslappet tempo (nærmest jogging) – der holdes 2 minutters pause – hvorefter der løbes yderligere ca. 15 minutter.
Dag 2	Der løbes ca. 4 km i almindeligt tempo (60 % af maksimum) – der holdes 2 minutters pause – hvorefter der løbes ca. 1 km i lidt højere tempo (80 % af maksimum).
Dag 3	Der løbes ca. 5 km i almindeligt tempo.

Uge 2:

Dag 1   Der løbes ca. 4 km i almindeligt tempo (60 % af maksimum) – der holdes 2 minutters pause – hvorefter der løbes ca. 1 km i lidt højere tempo (80 % af maksimum).

Dag 2   Der løbes ca. 10 minutter i afslappet tempo – der holdes 2 minutters pause – herefter løbes 20 i almindeligt tempo (60% af maksimum)

Dag 3   Der løbes ca. 3 km i almindeligt tempo (60 % af maksimum) – der holdes 2 minutters pause – hvorefter der løbes ca. 2 km i lidt højere tempo (80 % af maksimum).

Uge 3:

Dag 1   Der løbes ca. 5 km i almindeligt tempo.

Dag 2   Der løbes ca. 3 km i almindeligt tempo (60 % af maksimum) – der holdes 2 minutters pause – hvorefter der løbes ca. 2 km i lidt højere tempo (80 % af maksimum).

Dag 3   Der løbes ca. 3 minutter i afslappet tempo, herefter løbes 2 minutter ved 90 % af maksimum, hvorefter der holdes 1 minuts pause. Gentages 5 gange.

Uge 4:

Dag 1   Der løbes ca. 3 km i almindeligt tempo (60 % af maksimum) – der holdes 2 minutters pause – hvorefter der løbes ca. 2 km i lidt højere tempo (80 % af maksimum).

Dag 2   Der løbes ca. 2 km i almindeligt tempo (60 % af maksimum) – der holdes 2 minutters pause – hvorefter der løbes ca. 3 km i lidt højere tempo (80 % af maksimum).

Dag 3   Der løbes ca. 5 km i almindeligt tempo.

Uge 5:

Dag 1   Der løbes ca. 3 minutter i afslappet tempo, herefter løbes 2 minutter ved 90 % af maksimum, hvorefter der holdes 1 minuts pause. Gentages 5 gange.

Dag 2   Der løbes ca. 5 km i almindeligt tempo.

| Dag 3 | Spilleren løber ca. 15 minutter i afslappet tempo – der holdes 2 minutters pause – hvorefter der løbes ca. 15 minutter igen. |

Uge 6:

Dag 1	Der løbes ca. 1 km i almindeligt tempo (60 % af maksimum) – der holdes 2 minutters pause – hvorefter der løbes ca. 4 km i lidt højere tempo (80 % af maksimum).
Dag 2	Der løbes ca. 2 km i almindeligt tempo (60 % af maksimum) – der holdes 2 minutters pause – hvorefter der løbes ca. 3 km i lidt højere tempo (80 % af maksimum).
Dag 3:	Der løbes ca. 5 km i lidt højere tempo (80 % af maksimum)

8 ugers intervalprogram (aerob)

Forløb:
Øvelsen gennemføres over et forløb på 8 uger, hvor der løbes 2-3 gange hver uge.

Der løbes som følger:

Uge 1 og 2:
Der løbes 4 minutter i jævnt tempo (ikke maksimal hastighed – 75 %), hvorefter der holdes 2 minutters pause. Dette gentages 5 gange.

Uge 3 og 4:
Der løbes 3 minutter i jævnt tempo (ikke maksimal hastighed – 75 %), hvorefter der holdes 2 minutters pause. Dette gentages 6 gange.

Uge 5 og 6:
Der løbes 2 minutter i tempo tæt på maksimum (90 %) hvorefter der holdes 2 minutters pause. Dette gentages 8 gange.

Uge 7 og 8:
Der løbes 1 minut i tempo tæt på maksimum (90 %), hvorefter der holdes 1 minutters pause. Dette gentages 10 gange.

Hvis der ønskes en øget effekt, hurtigere, kan antal gentagelser øges med 1-2.

8 ugers intervalprogram (anaerob)

Forløb:
Øvelsen gennemføres over et forløb på 8 uger, hvor der løbes 2-3 gange hver uge.

Hver løbedag løbes som følger:
- 6 x 30 sekunders 80 % spurt, med 1 minuts pause mellem hver spurt
- 5 x 20 sekunders 90 % spurt, med 1 minuts pause mellem hver spurt
- 4 x 10 sekunders 100 % spurt, med 2 minutters pause mellem hver spurt

Hvis der ønskes en øget effekt, hurtigere, kan antal gentagelser øges med 1-4.

9-dages løbeprogram

Programmet er bygget op over et 9 dages forløb og er beregnet til at opbygge og vedligeholde konditionen i en opstartsfase (op til sæsonstart eller lignende). Ønskes et længere forløb, startes der blot forfra.

Der skal varmes godt op før løb, og bagefter skal der strækkes ud efter behov.

Dag 1:
Der løbes 5 x 200 meters intervalløb med 30 sekunders pause mellem hvert interval. Gennemføres 4 gange med 2 minutters pause mellem hver repetition.

Dag 2:
Hviledag.

Dag 3:
Der jogges i normalt tempo cirka 45 minutter.

Dag 4:
Der løbes almindeligt cirka 5 km.

Dag 5:
Hviledag.

Dag 6:
Der jogges i cirka 10 minutter, hvorefter der løbes almindeligt cirka 5 minutter. Herefter hviles 2 minutter, inden der jogges cirka 5 minutter og løbes almindeligt cirka 10 minutter.

Dag 7:
Der løbes 5 x 200 meters intervalløb med 30 sekunders pause mellem hvert interval. Herefter løbes cirka 2 km lidt hurtigere end jogging og lidt langsommere end normalt løb.

Dag 8:
Hviledag.

Dag 9:
Der løbes almindeligt cirka 5 km.

12-ugers løbeprogram

Programmet er bygget op således at der skal løbes 2 gange pr. uge.

Der skal varmes godt op før løb, og bagefter skal der strækkes ud efter behov.

Uge 1:

Dag 1	Spilleren jogger cirka 15 minutter – der holdes 5 minutters pause – hvorefter der jogges cirka 15 minutter igen
Dag 2	Spilleren løber cirka 4 km i almindeligt tempo (60 % af maksimum) – der holdes 2 minutters pause – hvorefter der løbes cirka 1 km i lidt højere tempo (80 % af maksimum).

Uge 2:

Dag 1	Spilleren løber cirka 5 km i almindeligt tempo.
Dag 2	Spilleren løber cirka 4 km i almindeligt tempo (60 % af maksimum) – der holdes 2 minutters pause – hvorefter der løbes cirka 1 km i lidt højere tempo (80 % af maksimum).

Uge 3:

Dag 1	Spilleren jogger cirka 10 minutter – der holdes 2 minutters pause – herefter 10 spurter af 20-25 meter med 30 sekunders pause imellem. Gentages 2 gange.
Dag 2	Spilleren løber cirka 3 km i almindeligt tempo (60 % af maksimum) – der holdes 2 minutters pause – hvorefter der løbes cirka 2 km i lidt højere tempo (80 % af maksimum).

Uge 4:

Dag 1	Spilleren løber cirka 5 km i almindeligt tempo.

Dag 2   Spilleren løber cirka 3 km i almindeligt tempo (60 % af maksimum) – der holdes 2 minutters pause – hvorefter der løbes cirka 2 km i lidt højere tempo (80 % af maksimum).

Uge 5:

Dag 1   Spilleren jogger cirka 3 minutter, herefter løbes 2 minutter ved 90 % af maksimum, hvorefter der holdes 1 minuts pause. Gentages 6 gange.

Dag 2   Spilleren løber cirka 2 km i almindeligt tempo (60 % af maksimum) – der holdes 2 minutters pause – hvorefter der løbes cirka 3 km i lidt højere tempo (80 % af maksimum).

Uge 6:

Dag 1   Spilleren jogger cirka 15 minutter – der holdes 5 minutters pause – hvorefter der jogges cirka 15 minutter igen.

Dag 2   Spilleren løber cirka 2 km i almindeligt tempo (60 % af maksimum) – der holdes 2 minutters pause – hvorefter der løbes cirka 3 km i lidt højere tempo (80 % af maksimum).

Uge 7:

Dag 1   Spilleren løber cirka 5 km i almindeligt tempo.

Dag 2   Spilleren løber cirka 2 km i almindeligt tempo (60 % af maksimum) – der holdes 2 minutters pause – hvorefter der løbes cirka 3 km i lidt højere tempo (80 % af maksimum).

Uge 8:

Dag 1   Spilleren jogger cirka 3 minutter, herefter løbes 2 minutter ved 90 % af maksimum, hvorefter der holdes 1 minuts pause. Gentages 6 gange.

| Dag 2 | Spilleren løber cirka 1 km i almindeligt tempo (60 % af maksimum) – der holdes 2 minutters pause – hvorefter der løbes cirka 4 km i lidt højere tempo (80 % af maksimum). |

Uge 9:

| Dag 1 | Spilleren jogger cirka 10 minutter – der holdes 2 minutters pause – herefter 10 spurter af 20-25 meter med 30 sekunders pause imellem. Gentages 2 gange. |
| Dag 2 | Spilleren løber cirka 1 km i almindeligt tempo (60 % af maksimum) – der holdes 2 minutters pause – hvorefter der løbes cirka 4 km i lidt højere tempo (80 % af maksimum). |

Uge 10:

| Dag 1 | Spilleren løber cirka 5 km i almindeligt tempo. |
| Dag 2 | Spilleren løber cirka1 km i almindeligt tempo (60 % af maksimum) – der holdes 2 minutters pause – hvorefter der løbes cirka 4 km i lidt højere tempo (80 % af maksimum). |

Uge 11:

| Dag 1 | Spilleren jogger cirka 3 minutter, herefter løbes 2 minutter ved 90 % af maksimum, hvorefter der holdes 1 minuts pause. Gentages 6 gange. |
| Dag 2 | Spilleren løber cirka 3 km i almindeligt tempo (60 % af maksimum) – der holdes 2 minutters pause – hvorefter der løbes cirka 2 km i lidt højere tempo (80 % af maksimum). |

Uge 12:

| Dag 1 | Spilleren jogger cirka 15 minutter – der holdes 5 minutters pause – hvorefter der jogges cirka 15 minutter igen. |

Dag 2   Spilleren løber cirka 3 km i almindeligt tempo (60 % af maksimum) – der holdes 2 minutters pause – hvorefter der løbes cirka 2 km i lidt højere tempo (80 % af maksimum).

18-ugers intervalprogram

Programmet er bygget op således, at der skal løbes hver anden dag. Hvis programmet følges, skal spilleren blive i stand til på 18 uger at kunne løbe 4 km på omkring 20 minutter, uanset spillerens fysiske form ved programmets start.

Der skal varmes godt op før løb, og bagefter skal der strækkes ud efter behov.

Trin 1 – uge 1-2-3:
Spilleren skal løbe så mange gange 400 meter som muligt på maksimalt 2 minutter pr. 400 meter – op til 10 gange. Hold 2 minutters pause mellem hver 400 meter løb. Når løbetiden for en 400 meter overstiger 2 minutter, uanset antallet af gennemførte løb, skal spilleren stoppe.

Trin 2 – uge 4-5-6:
Spilleren skal løbe så mange gange 800 meter som muligt på maksimalt 3½ minut pr. 800 meter – op til 5 gange. Hold 2 minutters pause mellem hver 800 meter løb. Når løbetiden for en 800 meter overstiger 3½ minut, uanset antallet af gennemførte løb, skal spilleren stoppe.

Trin 3 – uge 7-8-9:
Der løbes som ved trin 1, men pauserne mellem hver gentagelse kortes ned til 1 minut.

Trin 4 – uge 10-11-12:
Der løbes 5 x 800 meter uanset løbetid – hold 1 minuts pause mellem hvert 800 meters løb.

Trin 5 – uge 13-14-15:
Spilleren skal løbe 4 km eller 20 minutter, alt afhængig hvad der sker først. Spilleren skal med andre ord stoppe, når hun når de 4 km uanset tid (under 20 minutter), eller stoppe efter 20 minutter, uanset hvor langt hun er nået (under 4 km).

Trin 6 – uge 16-17-18:
Spilleren skal løbe 4 km på 20 minutter (eller derunder).

20-ugers program

Forløb:
Programmet består af 8 forskellige aktiviteter, der gentages over et 20 ugers forløb efter nedenstående plan. Det er en forudsætning, at der løbes 3 gange i løbet af en 14 dages periode.

Det er vigtigt, at der holdes de pauser som er anført under hver enkelt aktivitet. Pauserne kan – afhængig af forholdene og hvor i forløbet man er – føles både korte og/eller lange, men de er afstemt efter, at løberen skal få maksimalt udbytte af løbesekvenserne. Ligeledes er det vigtigt, at alle gentagelser under de enkelte aktiviteter udføres for at få det fulde udbytte af træningen.

Løbeplan:

Uge:	*Aktivitet nr.*
1-2:	5 – 2 – 8
3-4:	1 – 5 – 4
5-6:	1 – 4 – 6

7-8:	7 – 3 – 2
9-10:	1 – 7 – 8
11-12:	5 – 2 – 8
13-14:	6 – 1 – 4
15-16:	8 – 7 – 1
17-18:	3 – 5 – 2
19-20:	6 – 1 – 5

Aktivitet nr. 1:
Der løbes cirka 4 km på 25 minutter – herefter tages 10 spurter a cirka 60 meter med 1 minuts pause imellem.

Aktivitet nr. 2:
Der løbes 800 meter, hvorefter der holdes 3 minutters pause – hvilket gentages 3 gange. Herefter tages 10 spurter a cirka 60 meter med 1 minuts pause imellem.

Aktivitet nr. 3:
Der løbes 400 meter, hvorefter der holdes 2 minutters pause – hvilket gentages 8 gange. Herefter tages 10 spurter a cirka 60 meter med 1 minuts pause imellem.

Aktivitet nr. 4:
Der løbes 4 minutter, hvorefter der holdes 4 minutters pause – hvilket gentages 5 gange.

Aktivitet nr. 5:
Der løbes 200 meter, hvorefter der holdes 1 minuts pause – hvilket gentages 12 gange. Herefter tages 20 spurter a cirka 40 meter med 1 minuts pause imellem.

Aktivitet nr. 6:
Der løbes kontinuerligt i 4 minutter: 30 sekunders let jogging – 30 se-
kunders spurt, 30 sekunders let jogging og så videre. Herefter holdes 4
minutters pause – hvilket gentages 4 gange.

Aktivitet nr. 7:
Der spurtes 20 meter, hvorefter der holdes 30 sekunders pause. Deref-
ter spurtes først 60 meter med 30 sekunders pause, dernæst 120 meter
med 30 sekunders pause, hvorefter der holdes 4 minutters pause. Dette
gentages 5 gange.

Aktivitet nr. 8:
Der løbes almindeligt i 2 minutter, hvorefter der løbes i højere tempo
(ikke spurt) 1 minut og derefter i almindeligt tempo igen i 2 minutter.
Herefter holdes 2 minutters pause – hvilket gentages 5 gange.

Løb 5 km efter 10 uger

Forløb:

Uge 1:
   Dag 1:   Gå 5 minutter i almindeligt tempo
              Løb 1 minut – gå 1 minut. Gentag 5 gange
              Gå 5 minutter i almindeligt tempo

   Dag 2:   Gå 30 minutter i almindeligt tempo

   Dag 3:   Gå 5 minutter i almindeligt tempo
              Løb 1 minut – gå 1 minut. Gentag 5 gange
              Gå 5 minutter i almindeligt tempo

   Dag 4:   Hviledag

Dag 5:   Gå 5 minutter i almindeligt tempo
         Løb 1 minut – gå 1 minut. Gentag 5 gange
         Gå 5 minutter i almindeligt tempo

Dag 6:   Gå 30 minutter i almindeligt tempo

Dag 7:   Hviledag

Uge 2:
Dag 1:   Gå 5 minutter i almindeligt tempo
         Løb 2 minutter – gå 1 minut. Gentag 4 gange
         Gå 5 minutter i almindeligt tempo

Dag 2:   Gå 30 minutter i almindeligt tempo

Dag 3:   Gå 5 minutter i almindeligt tempo
         Løb 2 minutter – gå 1 minut. Gentag 4 gange
         Gå 5 minutter i almindeligt tempo

Dag 4:   Hviledag

Dag 5:   Gå 5 minutter i almindeligt tempo
         Løb 2 minutter – gå 1 minut. Gentag 4 gange
         Gå 5 minutter i almindeligt tempo

Dag 6:   Gå 30 minutter i almindeligt tempo

Dag 7:   Hviledag

Uge 3:
Dag 1:   Gå 5 minutter i almindeligt tempo
         Løb 3 minutter – gå 2 minutter. Gentag 4 gange
         Gå 5 minutter i almindeligt tempo

Dag 2:   Gå 30 minutter i almindeligt tempo

Dag 3:   Gå 5 minutter i almindeligt tempo
            Løb 3 minutter – gå 2 minutter. Gentag 4 gange
            Gå 5 minutter i almindeligt tempo

Dag 4:   Hviledag

Dag 5:   Gå 5 minutter i almindeligt tempo
            Løb 3 minutter – gå 2 minutter. Gentag 4 gange
            Gå 5 minutter i almindeligt tempo

Dag 6:   Gå 30 minutter i almindeligt tempo

Dag 7:   Hviledag

Uge 4:
   Dag 1:   Gå 5 minutter i almindeligt tempo
            Løb 3 minutter – gå 1 minut. Gentag 6 gange
            Gå 5 minutter i almindeligt tempo

   Dag 2:   Gå 30 minutter i almindeligt tempo

   Dag 3:   Gå 5 minutter i almindeligt tempo
            Løb 3 minut – gå 1 minut. Gentag 6 gange
            Gå 5 minutter i almindeligt tempo

   Dag 4:   Hviledag

   Dag 5:   Gå 5 minutter i almindeligt tempo
            Løb 3 minutter – gå 1 minut. Gentag 6 gange
            Gå 5 minutter i almindeligt tempo

   Dag 6:   Gå 30 minutter i almindeligt tempo

Dag 7:   Hviledag

Uge 5:
     Dag 1:   Gå 5 minutter i almindeligt tempo
                Løb 3 minutter – gå 1 minut. Gentag 6 gange
                Gå 5 minutter i almindeligt tempo

     Dag 2:   Gå 30 minutter i almindeligt tempo

     Dag 3:   Gå 5 minutter i almindeligt tempo
                Løb 3 minutter – gå 1 minut. Gentag 6 gange
                Gå 5 minutter i almindeligt tempo

     Dag 4:   Hviledag

     Dag 5:   Gå 5 minutter i almindeligt tempo
                Løb 3 minutter – gå 1 minut. Gentag 6 gange
                Gå 5 minutter i almindeligt tempo

     Dag 6:   Gå 30 minutter i almindeligt tempo

     Dag 7:   Hviledag

Uge 6:
     Dag 1:   Gå 5 minutter i almindeligt tempo
                Løb 4 minutter – gå 1 minut. Gentag 5 gange
                Gå 5 minutter i almindeligt tempo

     Dag 2:   Gå 30 minutter i almindeligt tempo

     Dag 3:   Gå 5 minutter i almindeligt tempo
                Løb 4 minutter – gå 1 minut. Gentag 5 gange
                Gå 5 minutter i almindeligt tempo

Dag 4:   Hviledag

Dag 5:   Gå 5 minutter i almindeligt tempo
            Løb 4 minutter – gå 1 minut. Gentag 5 gange
            Gå 5 minutter i almindeligt tempo

Dag 6:   Gå 30 minutter i almindeligt tempo

Dag 7:   Hviledag

Uge 7:
    Dag 1:   Gå 5 minutter i almindeligt tempo
                Løb 4 minutter – gå 1 minut. Gentag 5 gange
                Gå 5 minutter i almindeligt tempo

    Dag 2:   Gå 30 minutter i almindeligt tempo

    Dag 3:   Gå 5 minutter i almindeligt tempo
                Løb 4 minutter – gå 1 minut. Gentag 5 gange
                Gå 5 minutter i almindeligt tempo

    Dag 4:   Hviledag

    Dag 5:   Gå 5 minutter i almindeligt tempo
                Løb 4 minutter – gå 1 minut. Gentag 5 gange
                Gå 5 minutter i almindeligt tempo

    Dag 6:   Hviledag

    Dag 7:   Gå 5 minutter i almindeligt tempo
                Løb 20 minutter
                Gå 5 minutter i almindeligt tempo

Uge 8:

Dag 1:   Gå 5 minutter i almindeligt tempo
           Løb 5 minutter – gå 1 minut. Gentag 5 gange
           Gå 5 minutter i almindeligt tempo

Dag 2:   Gå 30 minutter i almindeligt tempo

Dag 3:   Gå 5 minutter i almindeligt tempo
           Løb 5 minutter – gå 1 minut. Gentag 5 gange
           Gå 5 minutter i almindeligt tempo

Dag 4:   Hviledag

Dag 5:   Gå 5 minutter i almindeligt tempo
           Løb 5 minutter – gå 1 minut. Gentag 5 gange
           Gå 5 minutter i almindeligt tempo

Dag 6:   Hviledag

Dag 7:   Gå 5 minutter i almindeligt tempo
           Løb 20 minutter
           Gå 5 minutter i almindeligt tempo

Uge 9:

Dag 1:   Gå 5 minutter i almindeligt tempo
           Løb 5 minutter – gå 1 minut. Gentag 5 gange
           Gå 5 minutter i almindeligt tempo

Dag 2:   Gå 30 minutter i almindeligt tempo

Dag 3:   Gå 5 minutter i almindeligt tempo
           Løb 5 minutter – gå 1 minut. Gentag 5 gange
           Gå 5 minutter i almindeligt tempo

Dag 4:   Hviledag

Dag 5:   Gå 5 minutter i almindeligt tempo
            Løb 5 minutter – gå 1 minut. Gentag 5 gange
            Gå 5 minutter i almindeligt tempo

Dag 6:   Hviledag

Dag 7:   Gå 5 minutter i almindeligt tempo
            Løb 25 minutter
            Gå 5 minutter i almindeligt tempo

Uge 10:
    Dag 1: Gå 5 minutter i almindeligt tempo
            Løb 5 minutter – gå 1 minut. Gentag 5 gange
            Gå 5 minutter i almindeligt tempo

    Dag 2: Gå 30 minutter i almindeligt tempo

    Dag 3: Gå 5 minutter i almindeligt tempo
            Løb 5 minutter – gå 1 minut. Gentag 5 gange
            Gå 5 minutter i almindeligt tempo

    Dag 4: Hviledag

    Dag 5: Gå 5 minutter i almindeligt tempo
            Løb 4 minutter – gå 1 minut. Gentag 5 gange
            Gå 5 minutter i almindeligt tempo

    Dag 6: Hviledag

    Dag 7: Gå 5 minutter i almindeligt tempo
            Løb 5 kilometer
            Gå 5 minutter i almindeligt tempo

Løb 10 km efter 10 uger

Forløb:

Uge 1-2:

    Dag 1:   Gå 5 minutter i almindeligt tempo
                     Løb i 25 minutter
                     Gå 5 minutter i almindeligt tempo

    Dag 2:   Gå 45 minutter i almindeligt tempo

    Dag 3:   Gå 5 minutter i almindeligt tempo
                     Løb i 25 minutter
                     Gå 5 minutter i almindeligt tempo

    Dag 4:   Hviledag

    Dag 5:   Gå 5 minutter i almindeligt tempo
                     Løb i 25 minutter
                     Gå 5 minutter i almindeligt tempo

    Dag 6:   Gå 45 minutter i almindeligt tempo

    Dag 7:   Hviledag

Uge 3-4:

    Dag 1:   Gå 5 minutter i almindeligt tempo
                     Løb 3 minutter – gå 2 minutter. Gentag 4 gange
                     Gå 5 minutter i almindeligt tempo

    Dag 2:   Gå 45 minutter i almindeligt tempo

    Dag 3:   Gå 5 minutter i almindeligt tempo
                     Løb 3 minutter – gå 2 minutter. Gentag 4 gange

Gå 5 minutter i almindeligt tempo

Dag 4:   Hviledag

Dag 5:   Gå 5 minutter i almindeligt tempo
          Jog i 5 minutter
          Løb i 45 minutter
          Gå 5 minutter i almindeligt tempo

Dag 6:   Gå 5 minutter i almindeligt tempo
          Løb 3 minutter – gå 2 minutter. Gentag 4 gange
          Gå 5 minutter i almindeligt tempo

Dag 7:   Hviledag

Uge 5-6:
   Dag 1:   Gå 5 minutter i almindeligt tempo
             Løb 4 minutter – gå 2 minutter. Gentag 4 gange
             Gå 5 minutter i almindeligt tempo

   Dag 2:   Gå 45 minutter i almindeligt tempo

   Dag 3:   Gå 5 minutter i almindeligt tempo
             Jog i 5 minutter
             Løb i 45 minutter
             Gå 5 minutter i almindeligt tempo

   Dag 4:   Hviledag

   Dag 5:   Gå 45 minutter i almindeligt tempo

   Dag 6:   Gå 5 minutter i almindeligt tempo
             Jog i 5 minutter

Løb i 45 minutter
Gå 5 minutter i almindeligt tempo

Dag 7:   Hviledag

Uge 7-8:
  Dag 1:   Gå 5 minutter i almindeligt tempo
            Løb 4 minutter – gå 2 minutter. Gentag 6 gange
            Gå 5 minutter i almindeligt tempo

  Dag 2:   Gå 45 minutter i almindeligt tempo

  Dag 3:   Gå 5 minutter i almindeligt tempo
            Løb 4 minutter – gå 2 minutter. Gentag 6 gange
            Gå 5 minutter i almindeligt tempo

  Dag 4:   Hviledag

  Dag 5:   Gå 45 minutter i almindeligt tempo

  Dag 6:   Gå 5 minutter i almindeligt tempo
            Jog i 5 minutter
            Løb i 45 minutter
            Gå 5 minutter i almindeligt tempo

  Dag 7:   Hviledag

Uge 9-10:
  Dag 1:   Gå 5 minutter i almindeligt tempo
            Løb 4 minutter – gå 2 minutter. Gentag 6 gange
            Gå 5 minutter i almindeligt tempo

  Dag 2:   Gå 45 minutter i almindeligt tempo

Dag 3:   Hviledag

Dag 4:   Gå 5 minutter i almindeligt tempo
            Jog i 5 minutter
            Løb i 30 minutter
            Gå 5 minutter i almindeligt tempo

Dag 5:   Gå 45 minutter i almindeligt tempo

Dag 6:   Hviledag

Dag 7:   Gå 5 minutter i almindeligt tempo
            Løb 10 kilometer
            Gå 5 minutter i almindeligt tempo

Konditionsvedligeholdende program mellem 2 sæsoner

Programmet er bygget op således, at der skal løbes 2 gange hver uge og er primært konditionsvedligeholdende, ikke så meget opbyggende.

Der skal varmes godt op før løb, og bagefter skal der strækkes ud efter behov.

Dag 1:
- Opvarmningsløb i afslappet tempo cirka 1 km.
  Indlæg perioder med sideløb, baglænsløb, krigsdans m.m.
- Løb cirka 20 minutter i almindeligt tempo.

Dag 2:
- Opvarmningsløb i afslappet tempo cirka 1 km;
  Indlæg perioder med sideløb, baglænsløb, krigsdans m.m.
- Løb lange intervaller således: 4 minutter "presset løb" (lidt hurtigere løb end spillerens almindelige løbetempo) og 6 minutters

jogging – hold 2 minutters pause og gentag. Gennemføres med i alt 3 x løb, 3 x jogging.

Repetitionsinterval

Forløb:

Der løbes en 200 meter distance så mange gange som muligt efter ne-dennævnte skema. Løberen arbejder sig op i ydelse. Hvert interval lø-bes 2-3 gange pr. uge (alt efter niveau) i en 5 ugers periode – i alt 15 uger.

Interval 60-50:

Der løbes så mange gange 200 meter som muligt på ikke over 50 sekun-der med 60 sekunders pause mellem hver repetition. Løberen bliver ved, til hun ikke kan løbe 200 meter på 50 sekunder, eller til hun behø-ver mere end 60 sekunders pause for at fortsætte.

Interval 50-40:

Der løbes så mange gange 200 meter som muligt på ikke over 40 sekun-der med 50 sekunders pause mellem hver repetition. Løberen bliver ved, til hun ikke kan løbe 200 meter på 40 sekunder, eller til hun behø-ver mere end 50 sekunders pause for at fortsætte.

Interval 40-30:

Der løbes så mange gange 200 meter som muligt på ikke over 30 sekun-der med 40 sekunders pause mellem hver repetition. Løberen bliver ved, til hun ikke kan løbe 200 meter på 30 sekunder, eller til hun behø-ver mere end 40 sekunders pause for at fortsætte.